U0153845

৪০ 西灣文庫 ｜ 第三輯 ৩

【 編 輯 委 員 會 】

主　　編 ｜ 李美文

總策畫 ｜ 何樹環

編輯委員 ｜ （依姓氏筆畫排列）
　　　　　　李美文、林慶勳、何樹環
　　　　　　翁佳芬、陳福仁、楊婉儀

執行編輯 ｜ 翁佳芬

全民閱讀 快樂人生

————《西灣文庫》出版序言

　　古人說「行萬里路，讀萬卷書」，這句話直到今日仍然有它深切涵義，行路腳到工夫，是培養身臨其境產生真實感的基礎；讀書眼到刺激，可以彌補耳聽傳說的不足。因此對現代人來說，因旅行而增廣見聞與由閱讀而增長智慧，不但是天地間第一等重要事，也可以幫助我們實踐快樂的人生。

　　美國石油大王洛克斐勒其人，很少人知道他有閱讀障礙，從小家裡請了許多家庭教師專門教他閱讀，最後都徒勞無功。他成名後需要面對眾人演講，他學習利用盲人點字方式說話，在演講時眼看觀眾手卻摸著點字版一個字一個字讀出來。其實佔人口極少數的人有基因缺陷，造成終身閱讀障礙，這其中包括政治家邱吉爾，以及偉大科學家愛迪生、愛因斯坦等人，不過他們最後靠自己的方法克服閱讀障礙，把自己推向成功的尖端。

醫學上研究結果，屬於閱讀障礙的失讀症並不影響一個人智能發展。通常失讀症者在解決問題、做重要決策和語彙使用上有極高天賦。他們能很快理解某種概念精髓，在建築、工程、科學以及音樂上有很高的天賦。然而今日生長在台灣這塊土地的許多人，不論是年輕或成年，好像視閱讀為畏途。科技愈發達給人類帶來的煩惱也愈多，或許有太多的年輕人甚至成年人整日沈溺在電玩之中，雖然他們之中有許多人並無閱讀障礙卻不愛看書，這其中有許多的原因可以探討，不過不喜歡閱讀任何書，則是不爭的事實。許多人都有相同經驗記憶，國外旅行時看到歐美的年輕人，抱著一本厚厚小說在候機室啃讀；在日本許多城市擁擠電車上，不論年輕人或年長者都人手一冊書籍用心閱讀，這些景況讓我們既汗顏又羨慕，為甚麼我們的國民不喜歡閱讀？

　　國立中山大學文學院，為了推廣全民閱讀風氣及終生閱讀的理想，擬將專業知識普及化，於今年 3 月起著手《西灣文庫》創刊及編輯工作。深切期望藉作者輕鬆筆調撰寫，將一般人認為艱澀難懂的專業性知識普及化；也希望藉閱讀

習慣的養成，訓練自我邏輯思考的進步。落實作法，先由文學院五個系所教師，撰寫自己平日研究領域文稿每冊約 3 萬字，最重要是一定要用通俗寫法，介紹各領域學問或專業知識。這項構想立即獲得文學院幾位同仁認同，在百忙中應允協助，在此特別感謝這幾位同仁，用撰寫行動支持這項有意義的工作。本套文庫的出版，可以讓大學生閱讀，培養讀書興趣與習慣；另一方面可以做為大學通識教育參考讀物，也希望能夠提供社會人士或者優秀高中學生的自修教材。更希望讓年輕學子從電玩瘋迷中，自動轉移到專業普及知識閱讀的樂趣，共同為全民因閱讀而增加智慧，並為解決全人類許多難題做出貢獻。

本項編輯工作的展開，由前任文學院院長中文系林慶勳教授提出構想並負責全盤策劃，兩週一次召集參與同仁何樹環教授、應廣儀教授及呂弘暉教授等人反覆討論，議定諸如撰寫體例、行文語體、出版形式，甚至於叢書定名等等。討論過程相當理性而愉快，每位同仁都從中學習到許多本行之外的知識，確實是一項很有意義的跨領域整合學習。謹以誠摯之心，感謝林教授等幾

位同仁的辛勞。本叢書出版之際,最後一些看似零星卻相當重要的工作,如從收集稿件到編輯校對,從裝幀設計到出版印刷,從書號申請到未來發行,鉅細靡遺的大小瑣事,都由何樹環教授一人辛勞的業餘付出。何教授對本叢書的出版費心費力,完全以全民閱讀的理想做為工作目標,無怨無悔盡情付出的精神,讓人十分感佩,在此特別感謝他的犧牲與奉獻。

　　最後本人謹代表文學院向開創這項有意義出版工作所有同仁致謝並致意,也寄望《西灣文庫》第二輯、第三輯……,能在同仁辛勤努力耕耘的基礎上迭創佳績並永續出版,讓全民閱讀的希望與實踐快樂人生的夢想早日實現。

國立中山大學　文學院院長

謹識

2009.11.12

目　　次

一、導論——我是誰？語言是核心

在日常生活中，有許多學門都在試圖回答「我是誰？」這個問題。中華文化的姓名學、手相面相、生辰八字、紫微斗數、十二生肖，以及西方的占星學（十二星座）等等，皆在試著討論我們的個性及我們與天地的關係，進而揭露我們可能是怎樣的人。「人」是什麼？我們常說自己是萬物之靈，又說「人」和其它動物有所不同。如果用生理結構的觀點來看，「人」確實與其它動物有著決定性的差異，但「人」與「動物」的分野真的只能以生理結構來區別嗎？我們究竟該如何界定「人」這個概念？

首先請大家先思考一個問題：「什麼是人？」

我們與海豚之間的差別是什麼？ 不管有沒有答案都沒關係，先來想像一下吧！如果今天我們是隻海豚，如何跟同伴溝通呢？

可能像是這樣：

「嗶嗶——前方發現大量沙丁魚，大家一起去吃到飽！」

或是：

「嗶嗶嗶嗶嗶！鯊魚接近中，請帶著你的身家財產逃命去！」

1

　　不過，我們會不會這樣呢？

　　「哼，昨天阿海比我多吃了一點，今天如果有鯊魚來我就『嗶嗶嗶……』模稜兩可，隨便叫，讓它被咬。」

　　「海豚最好會這樣啦，以為看卡通喔。」是啊，卡通裡的動物角色會說話、會有嫉妒心等等，都脫離不了他們的創作者──「人」的想像。想想動物星球或 Discovery 頻道裡看到的海豚，發出某種叫聲一定就是代表某個意思，不可能說發出 A 叫聲，指的卻是要同伴（不）做 B 所指的事情。相比之下，人類的語言複雜太多太多了；古代有「指桑罵槐」，現代朋友間常會聽到：「唉呦，只是跟你開開玩笑（打嘴砲一下），不要那麼認真嘛。」以下舉個例子，相信大家或多或少都有過類似的經驗。當我們稱讚一個女生說「妳好漂亮喔！」是真的說她漂亮嗎？如果她是個公認的正妹，這就有可能是真心話。可是，我們也常看到這句被用來消遣一個身材不好或長相抱歉的女生，有時說話的人還會故意拉長音「妳~好~漂~亮~喔~」，或是追著人家一直講個沒完沒了。也有可能是女生間互看「不爽」，心裡想的明明是「呿，小美的洋裝哪有我的漂亮，自以為穿這樣就會有比較多人

追嗎？」卻因爲想「保持形象」然後跟著其它人一起稱讚洋裝多好看、人多漂亮。種種「口嫌體正直」或「口是心非」的表現，在在都反映出人類語言的獨特性，也讓語言成爲了解「什麼是人？」，相當重要的一個關鍵。

拉岡學派精神分析最大的特點，乃是在古典精神分析的理論中帶入「語言」的概念。在這裡的「語言」其實不單指我們藉以言說的語言，而是泛指一切依賴言語、符號差異（包括手語）等溝通方式而建立、流傳的社會、文明體系。人類的語言有個很明顯的問題：不精確。就精神分析而言，「人」與「動物」最大的不同點乃是「人」有語言（language）。各位也許會對此感到不滿，反駁道：語言並不限於人類，動物間也有溝通的語言。然而，「人」所使用的語言與動物所使用的「語言」，其實是有差別的。動物的「語言」絕對精準而無誤。蜜蜂的「8」字舞能精確傳達食物的方位與距離，狗對各種我們聽來沒什麼分別的吠叫也絕對不會搞錯其意義。對動物而言，無論一段舞蹈、一個表情、或是一聲鳴叫，各種「語言」表達的意義是固定而不可能出錯的。然而人類的語言呢？請回想我們使用語言的經驗，是不是常常有「情溢乎

辭」的狀況發生？例如要形容各位手上的這本書，不管是「一本書」、「一本黃色的書」、「一本黃色的中文書」、「一本黃色的中文小書」、「一本平裝的中文小書」、甚至到「一本平裝、封面有花紋、約兩萬字、分章節的中文小書」等等都無法完全把這本書描述清楚，每一串形容的詞語總還有可以再補足的地方。然而無論怎麼補，都像是在盲人摸象，永遠都只能摸到一部分，無法完全、精準的摸出全貌。又我們在使用語言時，是不是又常常會「辭溢乎情」，以致於別人錯認我們所要傳達的訊息？

不論是以口語或書寫形式呈現，語言總是「情溢乎辭」或「辭溢乎情」，永遠沒辦法「剛好」呈現我們心裡對周遭事物的看法。近代精神分析代表學家拉岡(Jacques Lacan，1901-1981)對於這種落差提出了與笛卡兒(René Descartes，1596-1650)「我思故我在」截然不同的想法：「非我處我卻思，我不思處故我在」（I think where I am not; therefore I am where I think not.）。我們既無法精準的使用語言表達我們所想表達的意義，也無法控制我們透過語言所述說的話會被解讀成什麼意義。相較於動物精準無誤的「語言」，人類的語言可說是無藥可救的漏洞百出。然而也正是

這樣充滿缺陷的語言將人類與動物區隔開來。因為我們使用的語言不夠精準，我們永遠需要猜測對方說的話是什麼意思，以及我們所說的話會被對方如何解讀；因為語言不夠精準，我們總是自覺說得不夠好，總是在絞盡腦汁的繼續為我們的言語作補充，試圖將事物和想法的全貌一點一滴的透過語言拼湊起來。而便是在這樣不斷的思考、補充中，誕生了許多燦爛的文明。如果人類語言是一完美透明工具，話早就講光，文明早就停滯了。

二、組成人的三角關係

（一）想像界（Imaginary）[1]

剛剛我們提到的拉岡認為人的主體性有三個階段，分別是想像界、象徵界、真實界，這三階段是不斷循環的「人」且不斷地彼此影響。

先從想像界的部分談起，請大家再把焦點放在動物身上吧！不管是海豚寶寶或馬寶寶，都在剛來到這個世界時便能跟爸爸媽媽到處遨遊（游），而不像人類嬰兒好不容易從媽媽懷裡出來後還得躺在保溫箱，過一年才能開始學走路。從這一點來看，每個「人」其實都是「早產兒」、「遲緩兒」，因為我們無法和動物一樣在剛出生時即感受到『『我』馬上要靠腳（鰭）走路（游泳）」；剛剛出生的小嬰兒還沒有「我」的邊界在哪裡的觀念，感覺自己就像空氣一樣摸不著

---

[1] 1953 年起，想像界（Imaginary）成為拉岡思想核心的三界之一。透過想像界，人的「自我」被建構在與鏡像的認同（Identification）之上。而在人類主體的面向中，想像與動物行為學與心理學最為接近。然而人類的想像又因被象徵界（Symbolic）規範、結構，而使人類偏離自然的領域。

邊，身體對小嬰兒來說像是無限延伸的。

　　不過，隨著小嬰兒逐漸成長，各種感官也同時幫助他們去感受這個世界，在拉岡的「鏡像理論」（mirror stage）[2]中，這段時間約從六個月到十八個月大不等。是否聽爸媽說過：「你／妳在很小的時候喜歡照鏡子，還一邊問我們那是誰」呢？有沒有對著鏡子做鬼臉、比手畫腳，然後覺得鏡中那個影像「好像」是「我」的記憶呢？還是爸媽抓著你／妳的手腳晃啊晃，邊說：「這是手手（腳腳）喔～」不論是哪種經驗，對還是嬰兒的我們來說，「我」慢慢有個具體的形狀出來了；頭啊、手啊、腳啊等等，都是屬於「我」的一部份，而「我」似乎就是「長這個樣子」。然而有這種感覺並不表示「我」就能理解自己與別人的差別在

---

[2] 拉岡對「鏡像理論」或「鏡像期」(Mirror Stage)的探討始於 1936 年。對拉岡而言，「鏡像理論」乃是主體性的永久結構，為「想像界」（Imaginary）的典型呈現，因人的「自我」建立於對鏡像的誤識(mis-recognization)與認同（Identification）。而「鏡像期」也是使人進入「象徵界」的重要階段，因為在嬰兒身旁必有扶持或抱著他的大人。當嬰兒認同鏡像後，多會轉向大人以企求大人「認同」那個鏡像就是他；此時的大人便是「象徵界」的代表。

哪裡，從幼幼班小朋友常會把「他打我」說成「他給我打」，或是看到其他同學被老師處罰時會跟著哭鬧的例子，不難發現「我／你／他」分界還很模糊，「我」（ego）亦脆弱不完整。

　　根據拉岡提出的鏡像理論，這是因為小嬰兒在六到十八個月時，各種感官正在建立、成長，這段時期他們開始認同自己在鏡中的成像，也就是認同鏡中的自己，對小嬰兒而言，這不僅很令他們著迷，且他們會試著去控制自己的鏡像。或許第一眼看到這個鏡像會摸不著頭緒，但最終小嬰兒就會認同這是他們的樣子，也就是自己的反射。這也是小嬰兒漸漸能對周遭事物觀察的一段時期，他們開始知道自己的身體的完整樣貌，也因此產生了我的概念與「圓」（wholeness）的概念。而這個「圓」是什麼意思呢？我所謂的「圓」就是指人類一輩子在情感上、思想上或物質上所追求的事，簡言之，就是得到一種圓滿或完美和諧的境界。總之，在此階段產生的那個「好像是『我』」的一種「圓」（wholeness）的概念會影響我們一輩子，使我們對於每件事都懷有「完美」的期待。「現在讀書讀得好累喔，可是如果能考上理想中的大學，一切都值得了。有那麼多的活動等我去參加、有那麼多的

妹等我去把、有那麼多的課等我去翹……啊不是，等我去上，從此不用被逼著讀討厭的科目，多好！」、「如果我能交到像大仁哥一樣的男朋友，生活一定超幸福的」、「大家都換成智慧型手機了，只有我還在用智障型手機，快點換一台就能隨時隨地 what's app，不無聊了！」以上的內心小劇場是不是很眼熟呢？就像我們常常會崇拜一些厲害的人、理想楷模（ideal ego），這些人可能是某個歌星偶像、某個影響深遠的老師、政治人物、歷史英雄之類的，好像我們跟他一樣、學他們，我們就圓滿，我們就夫復何求啊！

　　你們可能不懂，我剛剛提到的那「鏡中的我」，那……沒有鏡子或是鏡子摔破了還沒買怎麼辦呢？而且又不住河邊不能照湖面充當鏡子用，還有像古代銅鏡又照不清楚、模糊模糊，那這樣還會有「鏡中的我」嗎？這個鏡子只是個比喻，指出想像界（Imaginary）具有視覺性，也就是一個圓滿的概念，也就像孩子跟媽媽，陰與陽那種二分之一加二分之一等於完整的一個圓，而圓就是我們理想生活、和諧美滿關係的「正解」。

（二）象徵界（Symbolic）[3]

　　拉岡依據對小孩子的觀察，認爲當幼兒在特定的成長階段看到鏡子時，會驚訝於鏡中那個「自己」的完美形象，並因而與之認同而想要成爲那個完美的「自己」，導致幼兒對「自我」的認知並非來自自身而是外界鏡像的「異化」。不過幼兒很快就會面臨「語言」的干涉，例如用語言來描述自己的需要，或是透過語言來猜測父母究竟想說些什麼；當幼兒開始與「語言」接觸時，便不可避免面對「缺」。更進一步來說，當幼兒感覺到母親（或代理母親角色的人物）並不是全心全意的照顧他，而是偶爾需要處理別的事情時，幼兒便會開始猜測：「如果母親需要的不只是我，那究竟母親想要什麼？」這樣的猜測意味著幼兒了解到母親有超出幼兒的慾望或「缺」，幼兒自己並

---

[3] 1953 年，象徵界（Symbolic）正式成為拉岡核心思想的三界之一。對於象徵界的概念，拉岡自承要歸功於人類學大師李維史陀（Claude Lévi-Strauss，1908-2009）。規約（Rules）和律法（Law）建構起整個象徵界，然而若無語言，規約和律法無以訂定，故而象徵界與語言息息相關。

不足以滿足母親，但有「別的東西」來滿足母親，這「別的東西」正是幼兒認為自身所「缺」的。如此一來，幼兒便要開始面對自己的「缺」以及母親的「缺」，促成了幼兒與母親的「分離」。這個「別的東西」，便是父親的象徵，例如各種的規約與「不可以」，拉岡精神分析稱之為「陽形」（phallus）。[4] 幼兒在「分離」之後會想辦法獲得「陽形」以滿足母親，這也就是幼兒「慾望」的開端，在「分離」後開始追求能填滿「缺」的東西；然而這個「陽形」從一開始就不存在，只是幼兒的幻想罷了。為避免直接面對這個不可能填滿的「缺」，幼兒會開始尋找各種「陽形」的表徵，例如權力、金錢、地位等等可以獲得的事物，以將不可能的「慾望」化約為有可能實現的「需求」；只是這畢竟只是暫時的滿足，當「需求」被實現後，「缺」畢竟還是沒被填滿，故而幼兒會繼續尋找新的

---

[4] 「phallus」為「陽具」（penis）的拉丁文。根據牛津英文辭典，「phallus」乃是「penis」的形象，象徵自然的生產能力。拉岡刻意使用「陽形」（phallus）而非「陽具」（penis），是為了與佛洛伊德（Sigmund Freud, 1856-1939）區別，使此「慾望」追求之物與實際器官脫鉤而成為象徵性質的「形象」，進而能表徵為能在象徵界追求的事物。

「需求」以繼續取代「慾望」。如此一直持續，形成
了推動我們發展人格的基本動力。

　　這些藉由各式各樣的「不可以」論述所建立起來
的社會文明系統，在拉岡精神分析中稱爲「象徵界」，
意即在這個界域中所有的系統都是依賴語言象徵所
建立起來的。幼兒在面對「缺」、接觸語言後便會開
始面臨象徵界的一切。象徵界雖看似天衣無縫、無所
不包，不過在拉岡精神分析中，象徵界永遠不可能完
整，因爲總是會有個差距在那裏。我們常常會覺得自
己無法被某樣東西所決定，例如星座個性分析看起來
好像很準，但就是會有不準的地方。這樣的「不準」
不是因爲象徵界像張網子，編得再怎麼細還是有漏
洞，而是其本身就製造出一個不可能。如果象徵界沒
有這種差距或不可能，那就不是象徵界了，就如同瓶
子中間沒有那個空就不會是瓶子了，因爲有空才會讓
人有慾望想去填滿「缺」，才會讓人進入象徵界當中。

　　用輕鬆語氣再解釋一遍：在想像界部分提到，爸
媽可能在我們小時候邊抓著我們的手腳邊對我們說
話；他們也可能指著自己或週遭的事物教我們認識桌
子、冰箱、洗衣機等等，我們會跟著學習他們的語氣
及用詞，進入所謂「牙牙學語」的階段。語言繼鏡像

之後成爲塑造「人」更爲具體的關鍵,因爲從我們學會講話的那一刻起,如何讓世界認識自己或讓自己認識世界幾乎免不了需要語言的協助。像是爸媽會告訴我們:「泳衣遮住的地方不可以讓別人碰到喔!」又例如:「你/妳再挑食小心被警察叔叔抓走!」,「遮住不能碰」和「警察叔叔」都進一步提醒我們「我」是不可能無限發展下去的;「我」總是在面對各式各樣的限制。隨著我們漸漸長大,限制除了爸媽的話語外,校規跟法律也會來參一咖,違反就會被記警告、罰錢,甚至坐牢。

　　「如果不要有那麼多『不可以』多好,什麼髮禁啊、不能在公共場所抽菸啊,煩死了,根本是限制我們的自由。」但法令只能放寬,不能完全消失,不然世界會失控的。語言(規則)破壞了我們先前在想像界建立起來的「圓」,不過也因此刺激我們在這些限制底下盡可能地去接近那個「不可能完整的完整」。這種從追求產生的「欲望」(desire)正是象徵界概念中很重要的一點:與想像界中所產生的「要求」(demand)不同,一加一等於二還不夠,我們要不斷地「+1」下去——考上大學,想說畢業後要繼續讀研究所、考公職,或直接去公司上班;開始上班後想說

什麼時候才能加薪、升職；工作穩定後也許會想要四處旅行或建立家庭……生命永遠有事物等著我們去追求。

「那視障或瘖啞人士怎麼辦呢？他們無法使用前面提到的口傳（書寫）語言啊，這樣不就跟語言世界脫節了？」別忘了點字和手語啊，不是只有所謂「正常人」用的語言才叫語言。說穿了，語言不過是一個又一個的符號而已，沒有「一定」要用什麼形式來呈現。例如，「愛」是什麼呢？字典裡會找到一些解釋，甚至有同義詞，但它畢竟還是用別的文字（符號）來呈現；還不會寫字的小孩，可能畫個愛心圖案代表他／她喜歡某種東西；更有時候，所有口語與書寫的表達都免了，送巧克力或幫對方按摩，也是表達「愛」的一種方法。我們很難為「愛」下個明確的定義，只能透過各種方式傳達或理解；換句話說，「愛」或者是其它東西的「本質」是無法「一個 move 我 hold 住」的啦！它們的意義只能像上面例子般，透過無止盡的滑動（endless sliding）逐漸拼湊起來。

人類跟語言之間，還有一種比較特殊的關係。大家看過卡通「泰山」、小說「狼兄弟」等等，主角是被動物扶養長大的故事嗎？這樣子的小孩，有機會回

到人類社會並重新學習人類語言，可能像原本就在人類社會成長的小孩一樣靈活運用語言，而且瞭解字詞間的異同進入象徵界嗎？根據拉岡的說法，答案是否定的。他認為一旦錯過學習（人類）語言的時機，對小孩子來說就已經是不可逆轉且永久的傷害。這點大概可以從一開始我們看到的海豚例子來解釋：動物所使用的語言不論形式（叫聲、肢體動作等等）怎麼變化，終究還是一個動作搭配一個意思；而人類語言呢，常常可以看到言不由衷、辭不達意，或是「舊詞新解」的情況——「機車」除了是交通工具，也可以當成一個人因為處處跟別人作對而不受歡迎的形容詞。正因為動物行為沒有形式與意義上的落差（gap），所以在動物群落中長大的孩子很難「成為」人。

「不過，一下子說語言世界有個『規則』，一下子又說語言很難『hold 住』，很矛盾耶！如果抓不住語言，那怎麼會有『秩序』可言呢？」的確，語言就是這麼矛盾，也正如我們一再看到的「辭不達意」等例子，人就是不會剛剛好、就是台語所講的「ㄅㄧㄥ ㄅㄚˊ」，想要開始用語言溝通一定會誤解、凸槌的啦！可是語言還是得存在，做為人與人之間的橋樑，

不然像電影裡男女主角光對看就能理解對方在想什麼嗎？那畢竟是電影，現實中我們不做些表達的話，誰知道我們想幹嘛？所以，儘管語言（不論何種形式都）如此殘破，它還是人生中的「必選題」。至於「hold 不 hold 得住」其實也不是個問題，因為種種的限制一定跟著最大的「權威指示詞」（master signifier）[5]走；法律相互牴觸時「以憲法為準」、中國傳統強調的美德「忠孝、仁愛、信義、和平、禮、義、廉、恥……」、西方對抗君權／極權時強調的「民主」和「人權」，以上這些都是語言的「王中之王」，其它字詞看到它們不得不卑躬屈膝、踩剎車，世界因此就被「hold 住」了。我們寫文章不也是常常引大師的話來「hold 住」我們的主張？例如：孔子說、柏拉圖說、Lacan holds that……等等，你有「異」見，自個去找死人理論。

---

[5] 「權威指示詞」（master signifier）並不指向任何符號或意義，故符號的滑動必定停止於此；此外，它並沒有任何意義，此一特點使它能自由的被拿來使用於所有「象徵界」的系統中。因此，所有對象徵界系統根源的探求必止於「權威指示詞」，也正因為它無所指涉，故而象徵界的所有規約及律法最終必是「無意義」（meaningless）的，只能被遵守或推翻而無從解釋。

　　再舉個生活點的例子好了，來看看小孩跟爸爸間的一則對話：

　　「把拔，我想吃糖糖。」

　　「丹丹，不是剛剛才吃而已嗎？吃太多小心蛀牙喔！」

　　「不會啦，我又沒有吃很多，再給我一點嘛！」

　　「不行，如果讓你吃下去就沒完沒了了，而且真的蛀牙會痛痛、牙齒可能會變黑黑醜醜的！」

　　「可是我不怕痛、不怕醜，給我吃糖糖嘛！」

　　「不行！爸爸說不行就不行！」

　　「為甚麼你說的就算？」

　　通常在巴掌之後，小孩就不敢再吵了，因為她發現重複「吵鬧」的行為到頭來不只吃不到糖果，更會真的「痛痛」。巴掌在這個例子也就等於那「hold 住一切」的指示詞。

　　權威指示詞強迫我們從自我（ego）變成具有主體性（subject）的我，因為想像界中的「圓」啦、「理想楷模」（ideal ego）啦，在象徵界（語言世界）會被破壞。買 iPhone？不是要看爸媽臉色就是要自己存錢；考上好大學？學測希望擅長的科目大家都考爛才可以衝高級分，審查過了看面試教授要不要收我們，

如果指考的話還得祈禱想讀的校系不要太多人填。在
達到「理想」之前還有很多要做的事，像打工賺錢、
努力讀書等等，就是因為意識到「理想」沒有那麼容
易實現，我們才會不斷的為自己訂下一個又一個的目
標，希望做到最後的同時也完成理想了。把人生想成
打電動好了，我們操控主角不停的殺怪、打魔王，為
了什麼？破台嘛！「破台」即是我們的理想、「『終
極』目標」。不過象徵界實在是很難打的怪，它還會
讓「理想的我」（ideal ego）變得好像是我們自己的，
又好像不是。怎麼說呢？因為這個理想的我已經混合
了「別人怎麼看我們」的元素，我們本來可能覺得讀
離家近一點的大學沒什麼不好，反正吃住都很方便、
交通費大概也不會多多少；可是，當父母、老師、媒
體一直給我們像是「台大資源很豐富，去那邊是你／
妳最好的選擇」之類的印象時，我們是不是會開始覺
得「我好像應該以台大為目標才對」呢？也就是說，
在語言世界裡我們會為了達成自己的理想而不停追
求，卻可能同時受到他人的眼光而調整、改變方向。
這象徵界的「注視」（gaze），[6] 我們無處躲藏，總

---

[6] 「眾裡尋他千百度，驀然回首，那人卻總在你看不見

是覺得被「注視」著，即使沒有人真的在看我們。是否有共同經驗：不覺得在麥當勞念書比在家更起勁？

（三）真實界（**Real**）

真實界這個部份是最難解釋的，因為它無法透過語言表達、捕捉，真實界不是現實界（reality）。「這麼說的話，真實界就像漏網之魚囉？語言像漁網般無法完全補捉那部份？」也不對。那它到底是什麼樣的概念呢？我這裡打個比方好了，假設語言是個花瓶，真實界反而比較像花瓶裡面的中空，沒有中空就沒有花瓶，空與無法言喻的真實便是語言的本質。不管這個花瓶是陶瓷、玻璃，還是木製的，它總是要把一個本來沒有邊際的空間包起來才能成型。

我們每個人都繞著莫名的空，拉胚型塑各人獨有特質與行為模式。剛出生的嬰兒只有需求（need），透過哭聲或揮舞手腳等等表示「肚子餓了」或「好

的地方回望你」。文學作品中常有被視線「拍打」，但卻又找不到是誰在注視的描述，現實世界亦然，語言中更有如此的情況：「人家怎麼『看』你」「你怎麼『看』自己」。即使這些人並沒有真的用眼睛在看，我們還是會覺得有「目光」在盯著我們瞧。故而「注視」（gaze）與眼睛分離，而且永遠都不在我們這邊。

渴」，「需求」是可以被滿足的。後來有想像界（Imaginary）中的要求（demand），只要得到這些「要求」，非要不可，人生才有色彩；不然的話……幹掉他／她誰也甭想得到！進入象徵界（Symbolic），我們才有了所謂的欲望（desire），[7]譬如考上了雄中雄女，放榜後只是快樂兩天，「缺」隨即冒出，新的欲望又出現了，覺得以後該考上台大才行。但當我們面對真實界（Real）時，會有一股難以言喻的衝動（drive）──它不再是基本的生理存活需求或是簡單的要求、得到什麼，反而是追著「追求」跑。為什麼老是交到暴力男？敗金女？自尋死路？是有著莫名的「爽」（jouissance），[8]是一種愉悅的痛苦（Pleasant pain）跟痛苦的快樂（painful pleasure）吸引著我。在爽（jouissance）裡頭，反而不是追求單純的幸福快樂，重點並不是得到某個美好人事或物，

---

[7] 根據拉岡，欲望乃是社會化的產物，亦即人進入象徵界的產物；欲望並非私人所有，而是構成於人與其它主體（其他人或整個社會）的欲望的關係中。也正因為「欲望」的概念為社會領域而非生物領域，只有人類方才有「欲望」。

[8] 法文的「enjoyment」，有性的意涵。

而是追求這「追求的過程」，希望不斷持續下去，有如牙疼還是一直舔著蛀牙，不斷失敗中獲得快感，連自己都「搞不清楚『為什麼』」，非得做某些事不可。最講不清楚的，最是真實。譬如我們總是會聽到朋友抱怨總是交往到同一類的負心漢，若以性來說，追求性愛的快樂，的確是人人皆有，但若是天天自慰數十次才得以罷休，那就是這種詭異的爽（jouissance）。

三、心理結構：精神分析拉岡分校

（一）強迫型學院 Obsessive

前面說的是組成「人」的三個部分，接下來拉岡要拿出分類帽來看各位適合進入哪個學院了。在精神分析這間號稱「沒有正常人」的學校裡剛好也有四個學院，分別是強迫型（Obsessive）、歇斯底里型（Hysteria）、變態型（Perversion）跟神經病型（Psychosis）。那分類依據是什麼呢？主要是看每個人怎麼去處理及防衛我們先前提到的不足（lack）和多餘（excess）。人就是會有台語所說的「ㄅㄧㄥˋ ㄅㄚˇ」。因為人就是不會剛剛好，脫離正軌（split），語言強迫我們去追求那不可能圓的圓，讓我們在語言世界盡力去追求欲望、受慾望所驅使。

先介紹強迫型吧。這是個男多於女的學院，而學生們可以用幾個形容詞概括：「很ㄍㄧㄥ、龜毛、結賽」。透過壓抑處理防衛缺（lack）與過剩（excess），這種人追求事事完整、自主、清楚且傾向自我中心；很討厭受到刁難，因為他很難接受「缺」的出現，堅持「圓」的呈現。希望任何事都有組織，很難接受不能預期的事物，因為會使人措手不及。他們對於自己

無法掌控的事情會覺得很焦慮，例如說老師考試會出哪些題型、什麼時候考、範圍有哪些？都要知道的一清二楚，如果有哪裡漏了，他們也一定會用盡各種方法打聽到，打聽不到的話他們很可能乾脆通通讀完，讓自己有安全感。他們也會在行事曆裡安排好自己每天的行程，照表操課，如果臨時被其它人打斷了，他們會覺得不耐煩、甚至生氣，認為一件事情要「做完」才可以做下一件。面對生活中「多餘」（臨時計畫）和「不足」（立場受到挑戰）的部分，他們一定會努力「ㄍㄧㄥ」在自己能處理的範圍裡面。

對於「完整」的期待也會反映在感情上：通常他們希望是被追求的對象而不是主動去追別人的，因為有缺才會想追求。如果男強迫型學生跟歇斯底里型學院的女學生交往會怎麼樣呢？看一下下面的對話囉！

「玲玲，妳晚餐想吃什麼？」

「隨便，你決定啊。」女同學羞澀的說。

「那自助餐囉。」

「有點油膩。」

「不然摩斯？」

「會不會太貴？」

「火鍋？」

「昨天才吃過耶。」

「……不然妳到底想吃什麼啦！」

「隨便你……」女同學羞澀的說。

男強迫型學生渴望「確定」的答案，趕緊把「缺」補起來。反反覆覆、懸而不決，讓他們「凍未條」。男強迫型學生常常物化自己喜愛的對象，不希望看到對方的欲望，因爲欲望本身就是「缺」的表現。他們習慣會把欲望（desire）轉換成可以滿足的要求（demand）。強迫症的多金郎可能會說「想要什麼都買給你。」或是明明對方可能只想要一克拉的鑽戒，強迫症的人卻給五克拉的。因爲對強迫症的人來說，需要猜測對方想法時他們會很難受，沒有一定的方向他們就不能把「缺」填起來了。典型強迫症的男友也很討厭看到女友哭泣，因爲眼淚是一種多出來的東西，這也導致吵架時強迫症的人通常會想辦法解決對方所有問題而不傾聽，因爲傾聽正意味著要去猜對方的想法，而去解決問題至少還有些方向可以跟隨。強迫症的爸爸也會討厭孩子軟弱，因爲某方面會讓他聯想到自己潛在的軟弱。他們跟朋友相處呢，情況也差不多。當有人看起來很難過，甚至是哭了的時候，他

們很難真心傾聽或安慰對方，反而會有像這樣的反應：「包包不見了？再買就有了啊，幹嘛哭得像天要塌下來一樣。」換句話說，如果今天是他們自己的包包不見，他們會很迅速的買另一個來取代，不讓自己為了那個已經不見的難過，因為難過會讓「缺」越來越大。

　　生活當中，強迫症的人又呈現怎樣的面貌呢？強迫症結構之所以會叫作「強迫症」，正是因為強迫症結構的人會做出很多儀式性的強迫行為來藉以迴避面對「缺」。例如我們當中有些人早上起床一定要喝一杯咖啡，不喝就會覺得全身不對勁；總是會伸手摸摸皮夾或翻翻皮包，以確定它們還在身邊；習慣轉筆，尤其在考試時更是如此。當面對焦慮時，這種行為特別明顯；或是面對超乎預料的事態，例如考試出了一題沒想到會考的題目時，有些強迫症的人會不停的「想」要怎麼辦，但越想腦袋就越空白，這是因為他們光是透過「想」這個行為就能讓自己暫時不去面對自己可能處理不好事情的「缺」。另外，強迫症的人，通常對自己將走的路會較為篤定，但是當預定好的事情被打亂時，常常會因而感到焦慮。強迫症的人在寫作時也有相當明顯的特徵，例如討厭被挑毛病、

遵守格式、修改，也不喜歡從讀者的角度去想文章該怎麼寫。

　　諮商時，強迫症的人通常會不管諮商師而自顧自的一直說話，甚至會在諮商前先把想說什麼想好，然後一次說給諮商師聽。那輔導老師該如何處理這群學生呢？諮商的時候，老師一定要「面對面」跟他們談話，讓他們意識到有個「人」持續在回應、質疑、給建議等等，不然他們會跟平常一樣習慣性把別人當空氣，自己講個沒完沒了、不願意聽別人意見。只有如此才能慢慢讓他們開始去想、去面對自己生命中的「多餘」和「不足」，而不是遇到問題學鴕鳥把頭埋進沙子裡就天下太平了。　除此之外，強迫症的人最大的特點就是常常有罪惡感。例如考完或工作完好不容易有一個晚上的空檔想放鬆一下，跑去看電影、逛街、打球、掛臉書一整天，然後洗完澡躺在床上準備睡覺時，在舒服當中卻有種莫名的罪惡感，譬如下禮拜的事還沒準備、我今天這麼荒廢別人卻那麼忙、家人搞不好需要我卻不在等等。可能是因為覺得該做的事情沒做完，而有這麼一點罪惡感。

（二）歇斯底里型學院 Hysteria

　　相對於「強迫型」同學用「根除」方式去處理「ㄅ
ㄧㄥ ㄅㄚˊ」也就是不足（lack）和多餘（excess），
歇斯底里型同學以「填補」方式處理──「填補」別
人的「缺」。這個學院女生比較多。跟強迫型學生自
我中心的個性不同，她們喜歡做球給別人打。還記得
剛剛的對話嗎？她們把「吃什麼」的決定權丟給別
人，卻又不停推翻對方的意見，是不是很奇怪呢？其
實她們的特點，就是「搞不清楚自己要什麼」，因此
時常依賴別人給的答案；不過，她們卻不希望對方給
完答案以後拍拍屁股閃人，所以她們會一直問問題
（或推翻意見）讓自己有存在感，否則她們在對方的
世界裡就沒有地位了──沒機會扮演「填補」的角色。

　　有位學生在導聚時談論自己的時候這樣說：「我
來這系讀書是爸爸的期待，修教育學程是校長阿公建
議，交的男朋友是媽媽的朋友介紹的，今天要穿的衣
服男朋友說好看才穿。」大家會不會覺得「天啊，她
也活得太辛苦了吧！」但這就是歇斯底里型的學生，
她們會覺得依賴別人其實和別人依賴自己沒兩樣：
「他們如果沒讓我這樣一直問，哪會知道自己有多重
要？」看到自己是補足對方「圓」的一角她們會很開

心，卻還是要三不五時到處「戳」、製造新的缺角出來，這樣才能讓自己的「被需要」跟別人的「需要」延伸下去。對她們來說，分辨別人的欲望跟「我」的欲望是很不容易的一件事。

從前面的例子可以看出，歇斯底里型的學生傾向把週遭的每個人都當成「大師」（master），從日常大小事到生涯規劃，沒有一樣不參考他人意見的。然而也因為這樣，假如今天有同學跟那位分享自己經驗的同學說：「欸，我覺得妳穿長裙比較好看耶。」如果男朋友沒有意見，那隔天她一定穿長裙來上課。她們不只希望自己在家人跟男友眼中很重要而已，也希望在每個人眼中都很重要，因此她們會不斷改變自己的外貌和舉止等等來符合「『所有』大師」的眼光。這裡必須要再強調一次的，就是「大師沒有我就不是大師」了。不過講到現在，大家也許有點疑問了：「難道只有歇斯底里型的學生才會追隨大師嗎？強迫型學生真的那麼目中無人啊？」其實不是這樣的，強迫型學生也會追隨大師，不過他們並非「人人皆為我師」，崇拜的對象通常是跟自己個性（想法）比較像的。他們會希望未來也能變成「像大師那樣無缺的人」，因為變成那樣子的話，「我也是其他人追隨的

『大師』」了。對強迫型學生來說，心目中的大師是「神聖不可侵犯」的，所以他們不會像歇斯底里型的學生一直拿下一個大師的想法去推翻前一個的，因為這樣做等於在推翻自己，而前面有提到他們只喜歡「讓我來 hold 住全場」。

我們之中不乏所謂長袖善舞的人，也就是相當擅長應對進退，在不同的場合、面對不同的人都能抓住對方的心；或是在別人展現軟弱，例如哭泣時，歇斯底里的人一般來說相當樂於安慰、支持別人。因為願意去猜測他人的慾望，歇斯底里的人大多能夠抓住他人的心，而在各種場合受到歡迎；因為願意補足他人的缺陷，歇斯底里的人更能夠去安慰別人。若與別人吵架時，歇斯底里的人則會希望對方好好聽他們講。在寫作時，歇斯底里的人也比較會在乎讀者怎麼看，有時甚至會有為了迎合讀者而改變寫作方向的情況。

感情上，歇斯底里的人有可能會與很多人來往，因為對他們而言，每個人都會需要他們，而他們也享受這種被愛的感覺。然而在這麼多人當中，歇斯底里的人真正會接近的只有那個歇斯底里的人認為最「需要被需要」、最「愛」他們的人。當歇斯底里的人發現那個人開始不太需要他們時，便會轉向其他人。而

歇斯底里的人這種習慣滿足別人期望的特質，也造成歇斯底里的人很難「愛自己」，因為透過「愛他人」的行為讓他們「爽」在覺得他們讓對方滿足當中，甚至把自己全部犧牲進去以讓對方滿足。

而在諮商時，歇斯底里的人會去猜諮商師的期望，然後按照諮商師的期望來說話。輔導老師怎麼面對歇斯底里型的學生呢？像輔導強迫型學生一樣面對面溝通嗎？那可行不通，因為這時候她們又會開始問問題問到天荒地老，或說一些事情滿足大師的期望。最好的方法是老師站在她們後面，而且不一定要針對她們的問題回答，反而可以反問她們「那妳覺得怎麼做比較好呢？」讓歇斯底里型的學生有「怎麼辦，現在我看不到大師，他們又不給我答案，我是不是要自己想辦法啊？」的感覺。如此一來，她們逼得去面對自己的欲望——「ㄅㄧㄥˋ ㄉㄚˊ」，也就是不足（lack）和多餘（excess）。

其實這也不算是現代才有的觀察，聖徒保羅在哥林多前書[9]就曾說過，勸勉弟兄要捨己，而姊妹要順

---

[9] First Corinthians，為新約聖經中聖徒保羅的書信之一，討論許多當時教會、道德、婚姻的問題。最有名

服。強迫型男人認為自己是個「圓」，而他們認定的大師對他們來說亦是個完美的形象；他們不願意接受大師有「缺」，而且就算看到也裝成沒看見，因為這樣會同時顯示出自身的不完整。另外強迫型的人會追隨大師的腳步，藉此讓自己「完整」、把自己養成另一個大師。「捨己」很難，因為他們的自我意識很強。歇斯底里處理缺的方式就是把自己打個叉叉，然後去成為他人失落的最後一角。歇斯底里型女人雖扮演依順角色，然而特別的是，他們又不願意讓對方覺得完整。所以，不定時要「吐嘈」一下，否則自己在對方心中就沒地位了。對歇斯底里型的人來說，要他們真正的順服，實在很難！

（三）變態型學院 Perversion

　　剛剛那兩個學院的學生，不管是自立自強（強迫型）或依賴別人（歇斯底里型），目的都是要重新建立起一個「完整」的形象；他們都已經完成「學習語言」的階段、擁有象徵部分了，因此產生去彌補那個「被破壞的『圓』」的欲望。拿之前由喬辛・迪・波沙達（Joachim de Posada）跟愛倫・辛格（Ellen Singer）

的章節為第十三章中討論「愛」的部分。

所著的暢銷書《先別急著吃棉花糖》當例子吧，其中提到一項史丹佛大學做的實驗，研究人員找幾個小孩子來測試並發給每個人一塊棉花糖，然後把他們個別放在房間，讓他們決定要馬上吃掉它、還是留著等十五分鐘出來可以再拿一塊。研究結果發現，願意多等十五分鐘的孩子，長大之後都比選擇馬上享用棉花糖的孩子來的傑出；小時候願意等待與否，可能造就未來是計程車司機還是百萬富翁的差別。棉花糖理論就是在主張，人要忍住一時的口慾、犧牲部份的「爽」，才能在未來得到更多的歡愉（pleasure）與成功。基本上來說，強迫型跟歇斯底里型的學生都是撐過語言給他們的考驗，才能在象徵界獲得更多的「棉花糖」，也就是不停產生的「完成自己」的欲望。

　　在詳細介紹變態型之前要先提醒大家，這裡不是只有各種「色狼」（偷窺狂、暴露狂）或喜歡所謂「SM」的學生而已喔！如果只從「性」的角度來看，每個人都會被分到這裡啦，誰敢說自己平常沒有一些對於性的奇怪幻想的？所以單講性事的話，變態型學生和其它學院的學生沒什麼差。那他們到底有哪些人格特質呢？強迫型學生自我很明顯，甚至可以無視別人的存在；歇斯底里型學生雖然處處依賴別人，感覺「自己」

好像很模糊，不過別人也同時是建立她們的基礎，所以她們仍然有「我」的概念。變態型學生呢，沒有「我」的概念，因為他們直接把自己當成別人的「一部份」——「爽」的一部份，像是電池之於手機、鏡片之於眼鏡一樣，他們跟他人的結合是相當「完美」的。

　　至於「把自己當成『東西』」的想法到底是怎麼來的呢？這需要追溯到這些學生小時候跟他們爸爸媽媽（或阿公阿嬤，也就是照顧他們的人）之間的關係。他們可能從小就被當成寶貝照顧，做錯事或考試考差了長輩也捨不得處罰、打罵他們，所以儘管他們知道「別人對我很好」，卻沒有被「什麼不可以做，否則……」的概念限制住。可是他們也許會看到一起因為玩球砸破鄰居窗戶的小孩被父母打，哭得唏哩嘩啦的景象啊！這時候他們就會隱約感覺自己少了什麼，可是因為他們的「圓」沒有被破壞，不需要像強迫型跟歇斯底里型的去把「我」追回來，因此只好讓自己「寄生」在別人身上，好像有個位置。變態型的學生像現在這樣在學校時，往往都是最調皮搗蛋的一群，因為他們會不自覺地想引起老師的注意（這裡指的「注意」通常是處罰），不然他們想不出別的方法來「定義」「自己到底是什麼」。

　　「自討苦吃？聽起來很 SM 啊。」對啦，這邊開始跟大家原本認知的「SM 很『變態』」有關係了。不過一定要再強調一次，S（虐待狂）跟 M（被虐狂）不是只適用於性關係的兩個名詞而已。像上面說的「沒事討皮痛」（台語）的例子，其實就是變態型學院中的 M 班；這群學生表面上雖然受到處罰，可能還讓老師「自我感覺良好」的認為自己是個「賞罰分明」的好老師，但真正覺得「滿足」的是這些學生，因為他們變成老師讓家長、學校說「管教有方」「不可或缺的」一部份。M 班學生透過各種行為吸引像老師這種「有權威」的來「管教」他們，讓自己有「安全感」、有「自己『好像』是什麼」的感覺出來。而 S 班的學生呢，可能是校園中的「鴨霸」，動不動就看人不爽，就要「烙人」、「釘孤支」（台語）；這群人看起來會讓其它同學很緊張，但事實上他們自己也很緊張，因為他們跟 M 班學生同樣有「不知道該怎麼定義自己」的問題。從欺負別人的過程中，他們發現自己成為其他同學「害怕」情緒「不可或缺」的一部份，因此自己就有了「定位」。

　　不說大家可能不知道，變態型學院的學生大概是精神分析學校畢業生裡曝光率最高的一群呢！他們

也許是補教名師、股市分析專家、政論節目的「名嘴」，或是談話性節目的兩性星座專家等等。「什麼？這些人都是變態？」如果有這種疑問，想想看以上這些人的共通點是什麼呢？是不是都在他們的領域裡講得頭頭是道，好像他們比政府還會治國、股票是被他們拿著遙控器打的一種電動而已？偏偏很多學生、家長、投資人、選民等等都吃他們那些天花亂墜的招數，因此他們就達到自己成為影響他人生活「不可或缺一部份」的目標。這樣看下來，難道這些人不是（像）變態嗎？另外，911 之後，布希不也是鼓勵百姓上街購物、努力消費，用「爽」來抵制恐嚇，不讓恐怖份子得逞，全民不也籠罩在變態型氛圍。

（四）神經病型學院　Psychosis

「肖仔！」是這個學院的學生最常聽到的稱呼，可是他們真的有這麼不可理喻嗎？其實講白一點他們只是「活在自己的世界裡」而已。剛剛說變態型的學生雖然沒有「我」的概念，但他們會意識到「權威」的存在，所以跟別人仍然能有互動。神經病型的學生卻不是如此，他們的世界就只有「我」。那為什麼會造成這種奇特的精神結構呢？也是要從小開始講起，照顧這些學生的家長們，可能給他們一種「我們

的世界有你／妳就完整了」的感覺，反過來「你／妳
也只要依靠我們就好了」；他們可能出門都被抱得緊
緊的，完全沒有跟其他小孩子玩耍的機會，因此他們
的世界是封閉的，權威完全無法介入。不過，這並不
表示他們沒有語言能力、不會講話，他們的語言是從
「模仿」學來的，不太能自己去運用語言、去創造比
喻或暗喻，有點像鸚鵡學人類講話。大家想想看剛開
始學英文的時候，老師是不是都會說：「Repeat after
me. A, A is for Apple. B, B is for Boy, C, C is for Cat.」
呢？可是神經病型的學生會在腦中用自己可以理解
的方式給字母定義，像是「A 是個兩隻腳的怪物」；
對他們來說，字母會跟人一樣自己動起來。對他們而
言這個字母本身是一個生物、有機體一般。

　　另外神經病型學生都會有幻覺幻聽的症狀；這並
不代表其它三個學院的學生不會有，然而像強迫型跟
歇斯底里型都會懷疑（doubt）這些幻象，神經病型
卻深信不疑，覺得「我感覺到什麼就是什麼」。因為
他們的世界沒有「不足」也沒有「多餘」，所以他們
對任何事都非常確定。偏執狂（paranoid）即是神經
病型的代表之一，他們覺得所有事情冥冥之中都是緊
緊相連，或世界一定有個潛在的陰謀／恐怖份子準備

抓準時機摧毀一切。

　　還是覺得神經病型很難理解嗎？有部電影《靈異23》或許可以讓大家參考，電影主角華特史派洛（金凱瑞 飾）是個普通的居家男性，但就在有一天，太太偶然買下了一本《靈數23》的小說，但殊不知這就是一切的開端。這本小說記載一個名叫芬格林的偵探，一連串與23有關的殺人夢魘，以及23這個數字如何控制他老婆的離奇過程。然而，華特卻發現小說裡所講的這一切，卻跟他自己的人生越來越像了，從過去到未來都快一模一樣，華特備感威脅，感覺這一切都是23的陰謀，而他知道這將一步步的吞沒他的人生。《靈數23》精彩的劇情，還有像23的迷思，如：地球以23度傾斜地軸自轉、人類的基因共有23對染色體、人體血液每23秒循環周身一次、馬雅人相信2012/12/23是世界末日、鐵達尼號沈沒日：1912/4/15，1+9+1+2+4+1+5＝23、廣島原子彈於8時15分投下：8+15＝23、911事件：2001/9/11（2+1+9+11＝23）；這種世界是一個大陰謀的想法，就很像神經病型的人所在的生活與思想。

　　所以呢，你現在可以把手邊的身分證、學生證、提款卡的的數據，加一加、減一減，然後算一算如果

是 23 的話，我都說這麼多了，我想你知道的，你可能有神經病型的潛力！可能就會被分類帽丟進這個學院喔！可是真的踏進來大概就畢不了業了，因爲這些症狀是沒有辦法被治好的。神經病型的情況或症狀真的是不可逆轉的，如果說要把神經病型的人硬拖進現實世界幾乎是不可能的。老師們只能讓這些學生寫他們想寫的、畫他們想畫的，不能管太多，讓他們自救於崩潰邊緣，如此才有辦法維持他們「圓」的完整，不會因爲強迫他們要跟「沒瘋」的人一樣，導致他們情緒失控更無法處理。

　　參觀完四個學院以後，要告訴大家的是以後有機會爲人父母，能給孩子最好的禮物就是夫妻兩人相愛，這樣才可以給孩子最大的安全感，順利進入語言社會。

四、兩性關係？

有一個歐洲啤酒廣告很有趣也很貼近我待會講的主題。一開始呢，有一個正妹走進池塘看到一隻青蛙，正妹就聯想到青蛙王子的故事，妄想會出現王子，就親了青蛙試試運氣，沒想到青蛙就真的變成型男。型男當然爲了回報也給正妹一個吻，結果正妹被親了以後變成一瓶啤酒！廣告中，不是青蛙與正妹、就是型男跟啤酒在一起，型男跟正妹的組合是不可能會出現的。這啤酒廣告就像紀傑克（Slavoj Žižek）所說的，這世界並沒有所謂的兩性關係。

兩性的差異其實不是生理上的不同，那要怎麼分男女？什麼又是男人味、什麼是女人味呢？或許可以從本質論來看，我們會說男人比較堅強、天生比較有力氣，女人則比較溫柔，但不擅長數學或不太會開車，又譬如說在後天養成的方面，男人講話不能輕聲細語，而女人則常常被要求要美姿美儀，或者是積年累月地扮演學習嫵媚、勾人的「女人味」。這大概就是我們平時接觸到的觀念，基本上從小到大我們對兩性的認知大概就是類似這種的方式。但對拉岡而言，事情沒這麼簡單，他有很特別的見解，他說：「世界上只有男人，沒有『女人』存在」。我知道這句話很

奇怪，但不是在歧視誰，我們稍微來解釋這個「女人」是說什麼好了。拉岡基本上是說：像中國古代所提到的女陰男陽其實算是男人的一廂情願癡想，由男人的的角度來說女人應該怎樣又怎樣的，我們都在語言的掌握下，傳統以父權為主的語言無法再現女人，男人們無法面對自己的分叉（split）創造女人。如果說男人自己是一，他們沒有辦法忍受哪天變成「0.5」，所以男人創造了二；東方陰陽合一的概念，基本上是種以男性為主體的中心思想的產物。同樣西方文化如 John Gray, Men Are from Mars, Women Are from Venus 這本書說，男女生結構不同，就好比在不同的星球一樣。但拉岡精神分析是這樣解釋的：男生女生都是從同一個星球出來的，他們只是用不同方式處理遭遇到的不足（lack）跟多餘（excess）。更進一步來說，在父權社會下，「女人」之不存在，正因為這社會是為男人所專屬、量身打造的社會，所謂男人、女人，其實只是把男人本身劃分成男女二個角色罷了；父權體系下的「女人」只是男人對於「不是男人」的特質或甚至所有不該存在於整個社會的特質的的集合體。男人會認為這些特質出現在女人身上理所當然。例如有些男人認為女人理所當然的應該要溫柔，

否則就不是「女人」；或是女人都是危險駕駛，常常
違規造成交通事故。「溫柔」、「危險駕駛」都是男
人不希望在自己身上看到的特質，被投射在「女人」
這個形象上。

　　此外，男女交往從來不是 1+1 只屬兩人之間的關
係。不要忘記那無所不在的 3 也就是象徵界的「注視」
（gaze）。它的注視下，一對戀人的親密恩愛成為展
示，為它的注視而結合，也為它的注視而分離。

五、後現代生活：沒有重點就是重點

前面說了一堆概念，基本上都是繞著「個人」的特質而已，現在我們要來看看這些特質是如何影響整個社會運作的。簡單來說，就是用剛剛你學會的來檢視我們其實不平凡的平凡生活。現在的時代我們稱為「後現代」（postmodern times），在後現代社會有一個很重要的概念就是「沒有概念」；社會或社群裡常見的「權威」或我們說那種永遠在背後監視的統治者漸漸消失了（the disintegration of the Symbolic Other），沒有一個「非去遵循不可」的「中心思想」。社會結構的中心從穩固轉向鬆動、潰敗，人們天天談的是顛覆、去中心、反權威，接下來我們就一起來看點例子吧！古代對於「人」「應該」怎麼生活自有一套規範，像是「兄友弟恭」、婦女要有「三從四德」等等，可是現在誰理這些啊！兄弟姊妹一不小心就會吵架，關於「兩性平等」的運動也隨處可見。再比較爸爸媽媽跟我們成長的年代好了，以前只要阿公一生氣還是喝醉酒，家裡沒人敢吭聲，否則就等著被痛打一頓；現在的爸爸呢，嘻皮笑臉當「孝子」、「兒子

的大玩偶」，搞不好還會被孩子「嗆聲」。

這種「沒有人說『不』」來維持「秩序」的現象在歷史發展也很明顯，從離我們最近的「戒嚴」跟「解嚴」來比較吧。以前在學校不說「國語」，是要被掛上「我要說國語，不說方言」的牌子去罰站的，可能還會被老師打屁股、甚至罰錢；現在從國小就有所謂的「鄉土教育」，教我們認識台語、客家語、原住民語等等，不再以單一語言為標準。以前在軍隊裡如果聽到「蔣公」兩字，站著的要馬上立正，坐著的必須正襟危坐，聽起來很不可思議吧？相較於現在有些對銅像噴漆的行為，當年每個人戰戰兢兢的樣子是很難想像的。又或者說，以前聽電台節目只要轉到中國的得趕快轉走，不然隔天可能人就不見了（被警備總部抓走）；現在我們要聽一整天的中國電台，沒人會有意見。開放黨禁、報禁、提倡言論自由這些呢，也都是解嚴前後的差別。

再舉些更生活化的例子吧！書店以前賣的，不是什麼名家寫的「中國歷史導讀」，從夏商周一路講到宋元明清，不然就是些「世界偉人傳記」，總之都是些講很「大」概念的書；現在呢，賣的都像是《食物的歷史》、《挖鼻史》這種焦點放在日常生活隨處可

見的小東西的介紹。我們崇拜的不再是那些歷史偉人，而是各方面的「達人」：麵包師傅、電玩高手、解魔術方塊快手等等。網路開始盛行以後，大家一開始可能都還會在部落格上寫些生活上的心情、反省等等，比較長篇、比較有「意義」的文章，可是等到有臉書跟噗浪帳號時，「打卡」或到處在朋友的動態上按讚就可以代表「個人動態（意見）」了。這就有點像電影《艋舺》裡的一句經典台詞：「意義是三小？拎杯只聽過義氣，沒聽過意義啦！」現在我們著重的已經不是那些所謂「有意義」的傳統「美德」、「教條」，而是傾向關注個人或小團體之間的感覺。甚至在《那些年，我們一起追的女孩》裡面，更把這句台詞改成了「拎杯只聽過精液啦！」，「打手槍」或「追女生」這種最原始的欲望才是我們生活的重心，歷史怎麼發展、政治人物愛怎麼搞，「干我屁事」。說到電影，現在一堆片改拍成 3D、特效用得很多，內容卻完全不知道在演些「什麼」，變成大家口中的「爽片」，也是個非常後現代的現象。又例如說一直都很熱門的戰爭片題材，從像是《勇士們》（We Were Soldiers）、《諾曼第大空降》（Band of Brothers）這類強調對國家或同袍的忠誠，是軍人們奮戰下去的動

力，到《拒絕再戰》（Stop-Loss）裡描述一個被政府要求繼續打仗的屆退軍人躲避這個命令的故事，刻劃反戰思想的同時也暗示了「精忠報國」已經是個過時的概念。

性別認同、（兩）性關係的「多元」也是現今社會特別之處。以前我是男人，就要有男人的樣子，以後要娶個老婆；女生反過來也是一樣。現在 L（Lesbian）G（Gay）B（Bi-Sexual）T（Transgender／Transsexual）運動正夯，我可以說我是男人、我喜歡男的或是男女通吃，還是我喜歡裝扮成女生的樣子、可能會考慮去變性等等。性別界線越來越模糊，或者好一點的比喻就像相關運動叫做「彩虹大遊行」一樣，性別不再只有黑白，而是有各種不同的代表色。還有「人獸交」、「動漫婚姻」這些不一定要跟「真人」有「關係」的關係，也對傳統價值是很大的挑戰。不同族群求取不同的身分認同（identity identified），可以說這是權威的消失；以前的權威說「不」來嚴格禁止很多事，現在卻反而不加管束、尊重不同的彼此。不論男女老少、性向如何，都有權利追求性愛的歡愉，各種「助性」的用品（例如威而鋼）也越來越普及。從傳統「SAY NO！」的爸爸變成後

現代「SAY YES！」的爸爸。

　　這樣看下來，多元似乎是很棒的事情，不過其實不一定。從前我們會知道「敵人」在哪裡，應該要反抗（改變／推翻）一些什麼，才因此能讓社會越來越符合每個人的需求。等到終於改革成今天這個樣子了，我們卻開始不知道要怎麼「對抗」社會，因為走到哪裡好像都是對的。拿父母跟小孩的對話來看吧，「爸爸知道你很想上臉書玩一下遊戲、跟朋友聊天，爸爸也知道你寫作業好辛苦，一定需要休息吧！但爸爸更想知道怎麼把無聊的數學變的像臉書遊戲一樣好玩有趣，我們一起研究看看好不好？」從頭到尾，這個爸爸都沒有答應小孩玩臉書或休息，到最後其實也只是逼小孩寫作業罷了，可是小孩不一定會發現爸爸「話中有話」，大概還會覺得「好耶，一起來把數學變好玩吧！」這就是現在「意識形態」的「可怕」之處，我們不知不覺就被操控住了。

　　早期我們對意識形態的定義是「以假亂真」，譬如一個畫家畫一個香蕉，能像到連中山大學猴子都要把畫布搶去吃。馬克思說工人在資本主義之下，受到壓迫與不平等的對待，所以我們要揭發真相、還原真實、教育工人，如此即可改變世界。不過，要打倒這

種「以假亂真」的意識形態，只要還原真相就好了嗎？
二戰時期迫害猶太人的納粹政權，老是把猶太人講成
放高利貸的吸血鬼、遊手好閒不事生產拖垮國家經
濟、還是愛誘拐良家婦女的一群色狼，極盡醜化猶太
人之能事，製造族群間的對立以合理化政權的大屠殺
行為。難道只要呈現事實，教育納粹軍人及德國百
姓，事實上猶太人是好公民，彬彬有禮，奉公守法、
誠實納稅，不闖紅燈走斑馬線。有種族歧視的德國人
會不會回答說：猶太人可惡之處就在他們如此邪惡，
竟然表現如此正常。可怕啊！

在後現代，意識形態以另外一種更難對付的樣子
影響著我們。我們剛剛講的畫家把香蕉畫到猴子都想
吃，但現在的畫家更高竿，直接畫出一幅窗簾，讓看
的人以為「窗簾應該有遮住什麼東西」，伸手要掀才
發現那真的只是窗簾，而且是畫的，根本沒有遮住什
麼。現在的社會，我們大家都知道真相，也覺得自己
從新聞和網路知道哪些是真的、哪些是假的；後現代
的意識型態最大的特點是，我們沒有被欺騙，真相早
就一清二楚，最大的問題其實是「距離」。這麼說好
了，現在我們所做的事情，跟我們是什麼樣的人或怎
麼想，是有落差的。例如一個名牌包愛慕者會說，「我

才不相信什麼名牌勒！只是我的姊妹淘信這一套，拿
這款包包讓她們羨慕。」再譬如有一天，我們的女兒
說要嫁給一個黑人，我們可能會說：「媽媽對黑人沒
有偏見，可是妳要想清楚，大家看到妳老公是黑人的
時候搞不好會講些有的沒的，一直聽這些閒話很辛苦
的。」「朋友都拿包包」、「大家會歧視黑人」這些
話，不知不覺就透露出了「不管再怎麼否認，其實我
們都還是愛慕虛榮（有種族歧視）的」。我們都知道
種族歧視是不對的，但我們行為舉止仍然照著「主流」
走；這種距離就是後現代社會裡最大的意識型態。我
們在迴避我們自己的「ㄅㄧㄥ ㄅㄚˊ」；我們「尊
重」他人的不同，但卻完全不想看到他人的「本質」。
我們可以跟原住民一起喝小米酒、參加他們的祭典，
卻有意無意的忽視政府開發自然保留區破壞生態、連
帶影響他們生活的事實；我們總是認為他們最好符合
我們對原住民樂觀開朗，沒事飲酒跳舞的印象就好，
至於其它原住民生活的面向就裝作沒看到。只是每個
人與其他人事物保持「距離」，真的對大家都好嗎？
想想一個互相「尊重」卻毫不相互關心，私底下甚至
彼此仇視的社會吧！

六、真實的虛擬

在日常生活中,「虛擬真實」(virtual reality)一詞在網路蓬勃發展的今日,充斥在舉凡教育、娛樂、政治、社會等不同的範疇之中。然而,我們生常中的大大小小的事,何嘗不是由虛構所建構或象徵化整個世界,如:歷史、文化、語言、認同等等。重點已經不在所謂的虛擬世界有多真,而是「真」有多假,但真若沒有假的成份,現實世界少了虛擬面就沒戲唱了。像台語習慣性的問候語「吃飽沒?一起進來吃吧!」「進來坐坐啊!」我們很清楚這只是鄰居之間的客套話罷了,因為我們如果真的走進別人家裡吃飯的話,鄰居大概會傻眼吧!這種客套話就跟我們待會要說的很有關係,客套話就像是一種空話,我們想表達的並不是字面的意思,而是表達一種「禮貌」,維持社會關係的運作。以下還有很多例子,大家可以慢慢研究。

紀傑克以其特殊的方式說明何謂現實世界的虛擬面。第一,「想像界虛擬」(imaginary virtual)。他認為「想像界虛擬」能使我們得以與他人互動的主要因素,也是我們得以用「現象的方式」與他人相處。換言之,其實我們與每個人的相識或相處,其實仰賴

49

的就是我們試圖將其他人的印象或影像（image）抽象化，並且將活生生他人的「真實」用某個印象或影像來代替他人。而如此的影像或印象就是一種「真實性」。例如：當某位年輕人執迷地為某位明星而瘋狂，該年輕人所瘋狂的，並非是那真正活生生，具有人性情慾，口臭、排便等人性真實面的明星，而是那所謂的「想像界虛擬」。

同樣的，當有人對你說：「我是真心愛你，不然，你看！」說著就拿一把美工刀劃開胸口準備獻上那紅咚咚的心。天啊！再怎麼相愛也要隔層皮！「虛擬」一下。

還有另一種層次，則是「象徵界的虛擬」。權威的效率執行就必須有虛擬、模糊的部分。「丹丹把飯飯吃完，不然，爸爸回來……」可怕的就是這虛擬、模糊的部分。不然，吃不完，爸爸回來又怎樣？打一頓而已啊！無上權威馬上就洩底了。

還有啊，我們所「深信」的事，常常透過「象徵界的虛擬」運作。這裡的虛擬是在說，我們相信大眾是這麼相信的，所以我就跟著相信。前面已經有舉過名牌包和跟黑人結婚的例子了，我們再來看一些吧。譬如說我們明明知道聖誕老公公不存在，但為了要哄

小孩子，可能會趁他睡著時放裝了禮物的襪子在旁邊，隔天再告訴他：「這是聖誕老公公送給你的喔！」說的好像聖誕老公公真的存在一樣。有趣的是，有些孩子還會因為自己相信聖誕老公公的樣子可以讓爸媽開心，雖然他可能裝睡發現禮物是爸媽送的，但他還是會假裝相信聖誕老公公是存在的。所以矛盾的是，就算沒有人是原本就真正相信的，但彼此認為其他人是這麼相信的時候，這種由追隨而起的相信，就會「成真」。

　　有關現實世界虛擬面的最後層次是無法用語言表達。例如量子論或超弦理論，違背經驗法則、無法言說，但是就是成立而且支撐這物理世界。

七、結語

鐘響，字數夠了，該歇筆，下課囉。從人談到世界，虛擬到真實，男男又女女，拉岡精神分析不只囿於諮商室，分辨誰是「肖仔」還是「變態」。拉岡學派精神分析本身具有相當廣泛的應用性，幾乎各領域皆可應用拉岡精神分析來討論，目前學術界相當熱中拉岡學派精神分析研究。最有名的拉岡學派精神分析批評家莫過於紀傑克（Slavoj Žižek）。紀傑克將拉岡精神分析批評的視野延伸至藝術、文化、政治、文學、電影、宗教等等領域，可說是無所不包，也將拉岡學派精神分析推向了新的高度。感興趣同學不分是理工、人文、藝術、商管、農等組別，或自認適合就讀強迫型學院、歇斯底里型學院、變態型學院、神經病型學院，皆歡迎參考延伸閱讀書籍。

最後感謝徐葆權、郭宇萱、張筱暄同學根據我在大學部開設的「精神分析批評」課程部分上課內容，逐字打出此稿。謝謝黃凱筠小姐的中文校對，也謝謝我家人丹丹與玲玲的默默支持。此篇文章的對象是高中生，因此為了達到「讓高中生都能看懂這篇文章」的目標，所以自然得簡化此精神分析理論艱深之處，儘量避免使用術語。請同行學者多多見諒。

人物介紹

　　雅克・拉岡（Jaques Lacan，1901-1981）生於法國，是繼佛洛伊德（Sigmund Freud）與榮格（Carl Gustav Jung）後，精神分析心理學的另一位巨擘。繼承佛洛伊德的理論系統，拉岡將索緒爾（Ferdinand de Saussure）現代語言學的概念引入精神分析理論，重新解讀佛洛伊德精神分析，爲精神分析提供較堅實的哲學基礎，並排解許多針對佛洛伊德精神分析的重大誤解。又因爲心理學界普遍使用生物學方法而非如佛洛伊德及拉岡般使用語言及語言學方法來處理人類心理，使得心理學界普遍排斥精神分析理論；精神分析自此逐漸少爲臨床心理學界採用，反而是文化批評、文學批評等領域對拉岡精神分析十分歡迎。拉岡曾在 1953-1977 年間每週舉辦公開講座，講授精神分析理論，許多當代著名的哲學家、精神分析學家皆曾受教於拉岡或參與講座與拉岡會談，例如德勒茲（Gilles Louis René Deleuze）、巴迪烏（Alain Badiou）、傅柯（Michel Foucault）等。

　　斯拉沃熱・紀傑克（Slavoj Žižek，1949-）生於斯洛維尼亞，是當代最著名也最具爭議性的哲學家之一。紀傑克於 1989 年以前在斯洛維尼亞便是相當有

名的知識分子，並廣泛的參與政治活動，甚至曾於1990 年參選斯洛維尼亞總統；當 1989 年他以英文撰寫的《意識型態的崇高客體》出版時，旋即轟動世界。紀傑克重新閱讀、詮釋拉岡精神分析，在許多地方有相當獨到的見解。紀傑克同時也將拉岡精神分析的應用推上高峰，無論是神學、電影、政治、經濟、社會現象、大眾文化等等皆被紀傑克拿來分析，爲拉岡精神分析開創了無限的可能性。至今紀傑克仍持續寫作、出書，至 2012 年爲止已出版了超過 70 本書，甚至拍攝了不少講述精神分析理論的短片。紀傑克並在2005 年的 「全球知識分子投票」當中被選爲當代第25 大最有影響力的哲學家。

延伸閱讀

英文書籍

Evans, Dylan. *An Introductory Dictionary Of Lacanian Psychoanalysis.* London: Routledge,1996.

　　此書雖爲拉岡精神分析重要詞彙之辭典，但同時也相當適合入門者閱讀，一方面能了解精神分析常用之術語，一方面能對拉岡精神分析理論有進一步的認識。

Fink, Bruce. A Clinical Introduction to Lacanian
    Psychoanalysis: Theory and Technique. Cambridge:
    Harvard UP, 1999.

　　此書主要介紹分析師在臨床實際應用精神分析時需要使用的理論及方法。雖然較偏臨床應用方面，但由於寫作流暢而易懂，亦不失爲了解拉岡精神分析理論的重要書籍。

---. The Lacanian Subject: Between Language and
    Jouissance. Princeton: Princeton UP, 1997.

　　此書探討拉岡精神分析理論中「主體」（subject）的意義，由 Fink 散見數本討論拉岡講座的論文集結而成。

---. Lacan to the Letter: Reading Écrits Closely.
    Minneapolis: U of Minnesota P, 2004.

　　在此書中，Fink 精讀拉岡的〈Écrits〉中數篇文章並仔細解釋其中意義，是閱讀〈Écrits〉時不可或缺的重要補充資料。

Homer, Sean. Jacques Lacan. London: Routledge, 2005.
    Routledge Critical Thinkers.

　　此書爲 Routledge Critical Thinkers 系列中的一本，主要介紹拉岡精神分析理論的數個重點：想像

55

界、象徵界、真實界、伊底帕斯情結、潛意識、兩性關係等，並對拉岡精神分析理論深入淺出的剖析。

Lacan, Jacques. Écrits: The First Complete Edition in
English.trans. Bruck Fink. New York: Norton,
2007.

此書爲 Bruce Fink 翻譯的拉岡文集< Écrits >，收集拉岡畢生重要文章，是了解拉岡精神分析的第一手重要參考書籍。然而由於拉岡文風晦澀，不甚平易近人，故而閱讀上可能會有些困難，建議搭配其它參考資料閱譯。

Myers, Tony. Slavoj Žižek. London: Routledge, 2003.
Routledge Critical Thinkers.

此書爲 Routledge Critical Thinkers 系列中的一本，講解紀傑克理論體系中發展自佛洛伊德及拉岡的部分，並著重於紀傑克對精神分析理論的創新理解和應用。

Žižek, Slavoj. How to Read Lacan. New York: Norton,
2007.

在此書中，紀傑克應用拉岡精神分析理論探討宗教、政治、以及其它社會議題，並試圖以大眾化的語言及寫作方式解釋拉岡精神分析理論，適合入門者學

習拉岡精神分析的各種應用。

---. Looking Awry: An Introduction to Jacques Lacan
　　Through Popular Culture. Cambridge: MIT P,
　　1992.

　　此書為紀傑克使用拉岡精神分析來研究大眾文化的經典之作。由於討論的例子多為當代耳熟能詳的大眾文化，例如各種通俗文學、偵探小說、以及懸疑電影等等，使讀者在閱讀中除能更理解拉岡精神分析外，同時能重新看待自己身邊的流行文化。

Žižek, Slavoj, and Glyn Daly. Conversations with Žižek.
　　Oxford: Polity, 2004.

　　此書為格林‧戴里（Glyn Daly）對紀傑克的訪談錄。紀傑克在訪談裡暢談拉岡精神分析與哲學，重新闡述這兩門學門的目的，雜以對其它議題的討論。

中文書籍

斯拉沃熱・紀傑克，蔡淑惠譯，《傾斜觀看：在大眾文化中遇見拉岡》，台北：桂冠，2008。

斯拉沃熱・紀傑克，格林・戴里，孫曉坤譯，《與紀傑克對話》，台北：巨流，2008。

迪倫・伊凡斯，劉紀蕙等譯，《拉岡精神分析辭彙》，台北：巨流，2009。

史帝芬・米契爾，瑪格麗特・布萊克，白美正譯，《超越佛洛伊德：精神分析的歷史》，台北：心靈工坊，2011。

國家圖書館出版品預行編目資料

我是「啥米」？—從精神分析觀點看
『人』與『世界』／陳福仁著. --1版.
--[高雄市]：中山大學, 2012. 12
　　58面；11*17.5公分. --(西灣文庫；第3輯)

ISBN 978-957-9014-55-7(平裝)

1. 拉岡(Lacan, Jacques, 1901-1981)
2. 精神分析
170.189　　　　　　　　　　101027820

---

෨ 西灣文庫 ∣ 第三輯 ෬ III-1

我是「啥米」？
—從精神分析觀點看『人』與『世界』

著 作 者｜陳福仁
封面設計｜吳琇菁
版面設計｜喻惠敏
印　　刷｜翔淩商行
出 版 者｜國立中山大學 出版社
　　　　　http://www.la.nsysu.edu.tw
　　　　　e-mail：nanako@staff.nsysu.edu.tw
電話｜886-7-5252000　ext. 3000~3001
傳真｜886-7-5253009
出版日期｜2012年12月1版1刷
發行冊數｜600冊
定　　價｜150元/冊　600元/套
ISBN 978-957-9014-55-7(平裝)
GPN：1010200275
展售處：
1. 國家書店
　地址：臺北市松江路209號1樓　電話：02:2518-0207
　網址：http://www.govbooks.com.tw
2. 五南文化廣場
　地址：臺中市中山路6號　電話：02:2226-0330#20
　網址：http://www.wunanbooks.com.tw/wunanbooks
3. 高雄復文書局
　地址：高雄市蓮海路70號　電話：07:525-0930
著作財產權人：國立中山大學出版社